Mascotas inusuales

LOS MINICERDOS

MARYSA STORM

BLACK RABBIT BOOKS

Bolt es una publicación de Black Rabbit Books
P.O. Box 227, Mankato, Minnesota, 56002
www.blackrabbitbooks.com

Alissa Thiegles, editora; Rhea Magaro, diseñadora de los interiores e investigación fotográfica.

Información del catálogo de publicaciones de la Biblioteca del Congreso
Names: Storm, Marysa, author.
Title: Los minicerdos / by Marysa Storm.
Other titles: Mini pigs. Spanish
Description: Mankato, MN : Black Rabbit Books, [2026] | Series: Mascotas inusuales | Includes index. | Audience: Ages 8-12 | Audience: Grades 4-6
Identifiers: LCCN 2024050587 (print) | LCCN 2024050588 (ebook) | ISBN 9781644669525 (library binding) | ISBN 9781644669648 (ebook)
Subjects: LCSH: Miniature pigs—Juvenile literature. | Miniature pigs as pets—Juvenile literature. | Swine—Juvenile literature.
Classification: LCC SF393.M55 S76518 2026 (print) | LCC SF393.M55 (ebook) | DDC 636.4/0887—dc23/eng/20250117

Image Credits

Alamy Stock Photo/Arco Images / Steimer, C., 4–5, Tierfotoagentur / R. Richter, 31; Dreamstime/Cynoclub, 3, Hanna Yeremyeyeva, 32, Ingugulija, 23; Shutterstock/ andreyphoto63, 25, Chase D'animulls, 28–29, cynoclub, 15 (top), 24, Danz Abilizza, 22, Daria Miroshnikova, 23, Eric Isselee, 15 (bottom), Formatoriginal, 25, Goodwyn Ferrell, 22–23, Jamilya13, 1, Joe Herlong, 11 (top), Kritchai7752, 25, Kseniia Derzhavina, 22, Lei Luke, 18, Linn Currie, 8, M. Unal Ozmen, 25, Macrovector, 26, Manee_ Meena, 25, Martin Bergsma, 21, MENSAH DE-ANGELO SHAKUR, cover, NIKCOA, 25, Photodigitaal.nl, 11 (bottom), Plotitsyna NiNa, 10, Rita_Kochmarjova, 13, 27, Robyn Mackenzie, 25, Sanit Fuangnakhon, 16–17, Shirelady, 6–7, Tim UR, 25, Tiny Turkey, 22, Ton Bangkeaw, 9

CONTENIDO

CAPÍTULO 1
Conoce al minicerdo. . 4

CAPÍTULO 2
Una mascota especial 8

CAPÍTULO 3
Características del minicerdo 14

CAPÍTULO 4
Cuidados de un minicerdo 20

Otros recursos 30

CAPÍTULO 1

Conoce al MINICERDO

El cerdito come y come. Cuando se acaba toda la comida, mira a su dueño y resopla. El niño se ríe. "¡Has comido de sobra!" El cerdito resopla de nuevo. "Está bien, pero tendrás que trabajar para conseguirlo". El niño saca algo de comida del refrigerador. Luego, lleva a su cerdito al patio trasero.

¡Hora de jugar!

Afuera, hay una pequeña piscina de plástico llena de agua. El niño deja caer la comida en la piscina. Los trozos de lechuga flotan, el resto de la comida se hunde. Emocionado, el cerdo emite una especie de ladrido. Luego, se lanza a la piscina. ¡Al agua! ¡Qué divertido!

No todo el mundo puede tener un minicerdo. Es importante consultar las leyes locales antes de adoptar uno.

CAPÍTULO 2

UNA MASCOTA ESPECIAL

Los minicerdos son mascotas especiales, pero no son una **especie** particular de cerdo. Son cerdos normales **criados** para ser pequeños. Los dueños deben asegurarse de que sus minicerdos sean de criadores de confianza. De lo contrario, ¡pueden llegar a ser muy grandes!

Los minicerdos también se conocen como cerdos tacitas de té y microcerdos.

Razas de minicerdos más populares

Cerdo vietnamita

Minicerdo Juliana

Minicerdo Kunekune

Inteligentes y amistosos

Los minicerdos, al igual que otros cerdos, son animales inteligentes. Se les puede enseñar trucos y entrenarlos para que hagan sus necesidades en un lugar específico. También son amistosos. A muchos minicerdos les gusta acurrucarse. Algunos minicerdos pueden convivir con otras mascotas. Se llevan bien con gatos y perros amigables. Sin embargo, se llevan mejor con otros cerdos.

En Estados Unidos, los minicerdos se convirtieron en mascotas populares en la década de

1990.

CAPÍTULO 3

CARACTERÍSTICAS del minicerdo

Los minicerdos tienen **hocicos**, patas cortas y pezuñas. Su piel gruesa tiene pelos rígidos. Como todos los cerdos, los minicerdos no pueden sudar, pero pueden sufrir quemaduras solares.

Un minicerdo no es "mini" en tamaño. Es más pequeño que un cerdo normal, pero aun así pesa mucho. Puede llegar a ser más grande que un perro grande. Para saber qué tan grande será un cerdito, mira a sus padres. El cerdito alcanzará un tamaño similar.

COMPARACIÓN DE TAMAÑOS

MINICERDO

CERDO COMÚN

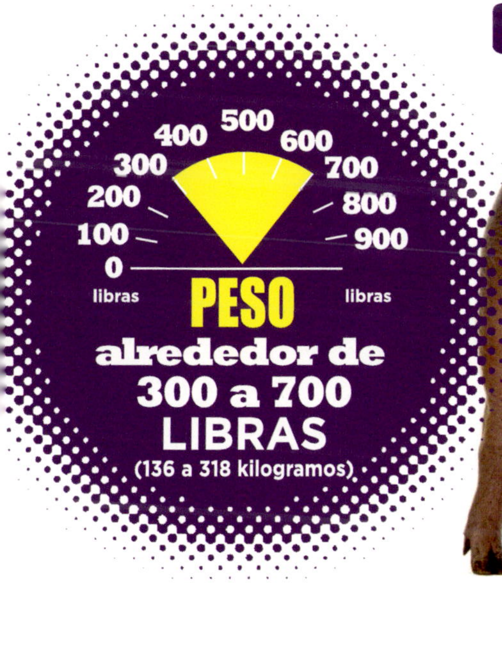

PARTES DEL MINICERDO

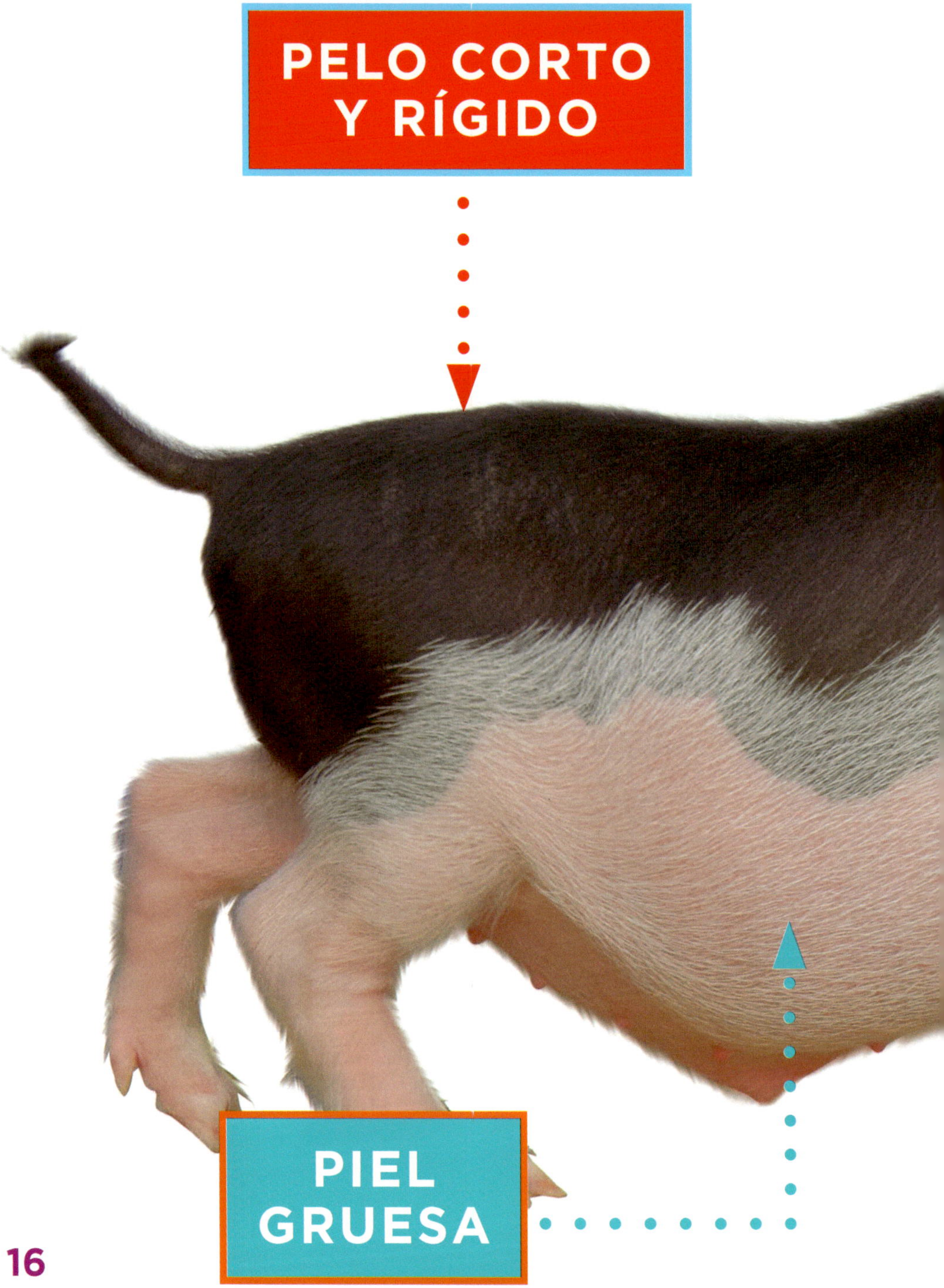

OREJAS CAÍDAS
HOCICO
PEZUÑAS

Hocico extraordinario

Los minicerdos tienen un gran sentido del olfato. De hecho, pueden oler tan bien como algunos perros. Los cerdos pueden incluso oler cosas bajo tierra. Si huelen algo delicioso, lo buscarán **hocicando**. Los minicerdos pueden dejar el jardín de sus dueños un poco descuidado.

Los cerdos no pueden ver bien.

CAPÍTULO 4

Cuidados de un MINICERDO

Los minicerdos pueden vivir al aire libre o en el interior. Cuando están al aire libre, necesitan dormir en una cama de paja. También es importante que estén protegidos del sol. Si están en el interior, necesitan una caja de arena grande y un lugar blando para dormir. Es importante que los cerdos tengan tiempo para hurgar y **escarbar** comida.

Los cerdos son inteligentes, les gustan los juguetes y los juegos.

QUÉ NECESITAN

caja de arena (cuando están adentro)

lugar blando para dormir

juguetes

refugio del sol
(cuando están afuera)
agua
fresca

Para reflexionar

Si pudieran, ¡los cerdos comerían todo el día! Los dueños deben asegurarse de no sobrealimentar a sus minicerdos. Deben mantener bajo llave todo lo que sus cerdos puedan comer. Para mayor seguridad, también deben mantener alejado todo lo **tóxico**. Además, los cerdos necesitan pasear regularmente, así se mantienen en forma.

¿QUÉ PUEDEN COMER LOS MINICERDOS?

ALIMENTOS BUENOS ✓

Pellets para cerdos

Verduras frescas

Cereales

Frutas frescas

ALIMENTOS MALOS X

La mayoría de las semillas y carozos de frutas

Frijoles crudos

Sal

Carne y pescado

Un hogar feliz

Los minicerdos necesitan cuidados especiales. Es necesario recortarles las pezuñas cada seis meses aproximadamente. Como los minicerdos no pueden sudar, es importante que no pasen demasiado calor. Si están al aire libre, necesitan un lugar con sombra. Una piscina **poco profunda** para jugar también es buena opción. Los buenos dueños son conscientes de todas las necesidades de sus cerdos.

TEMPERATURA PERFECTA

60 a 76 grados Fahrenheit
(16 a 24 grados Celsius)

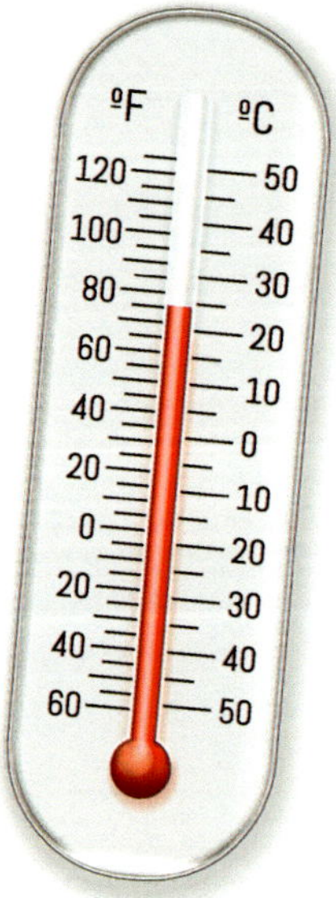

En NÚMEROS

4 a 5 años

EDAD EN LA QUE LOS MINICERDOS ESTÁN COMPLETAMENTE DESARROLLADOS

más de

$1.000

CUÁNTO CUESTA COMPRAR UN MINICERDO

20

NÚMERO DE SONIDOS DIFERENTES QUE PUEDE HACER UN CERDO

15 a 18 AÑOS

CUÁNTO TIEMPO VIVEN LOS MINICERDOS

GLOSARIO

criar: hacer que dos animales específicos se apareen para tener crías con ciertas características

escarbar: buscar algo

especie: una clase de individuos que tienen características comunes y comparten un nombre común

hocicar: buscar comida bajo tierra cavando con el hocico

hocico: la parte de la cara de un animal que sobresale e incluye la nariz o la nariz y la boca

poco profundo: que tiene una pequeña distancia desde la superficie hasta el fondo

tóxico: venenoso

ÍNDICE ALFABÉTICO

C

comida, 4, 6, 24, 25

cuidados, 20, 22–23, 24, 26

E

esperanza de vida, 29

H

hocicar, 19, 20

I

inteligencia, 12

J

jugar, 6, 21

P

partes del cuerpo, 14, 16–17, 19

R

razas, 10–11

S

sentidos, 19

T

tamaño, 8, 14, 15